Armin Täubner

# Bärige Weihnacht

## Fensterbilder aus Tonkarton

Frech-Verlag Stuttgart

Fotos: Birgitt Gutermuth



Auflage: 6. 5. 4. 3. 2. | Letzte Zahlen
Jahr: 1996 95 94 93 92 | maßgebend



frech-verlag

ISBN 3-7724-1587-3 · Best.-Nr. 1587 GmbH + Co. Druck KG Stuttgart · Druck: Frech, Stuttgart 31

*Schauen Sie doch in der Advents- und Weihnachtszeit einmal bei Familie Bär vorbei: Sie ist eine ganz normale Familie, die all die Winterfreuden auskostet und mitten in den Vorbereitungen für die Festtage steckt. Da muß der Weihnachtsbaum ausgewählt und geschmückt werden, die ersten Kerzen werden angezündet, die Sternsinger machen ihre Runde – und natürlich dürfen auch die Vögel bei Eis und Schnee nicht vergessen werden.*
*Lesen Sie, bevor Sie mit dem Basteln anfangen, die Anleitung genau durch, und legen Sie sich das nötige Material zurecht. Sie können alle Fensterbilder dieses Buches auch beidseitig arbeiten: Dazu müssen Sie nur die betreffenden Teile mehrfach ausschneiden und paßgenau auf die Rückseite des Motivs kleben. Dann freut sich auch Ihr Nachbar an der Bären-Weihnacht in Ihrer Wohnung! Und vielleicht feiert bei ihm dann in Kürze Familie Eisbär ihr Weihnachtsfest?*

# Diese Kerze stelle ich ans Fenster

Mit dem Bärenkopf beginnen. Nach dem Ausschneiden werden Augen, Nase und der Halbkreis im Bärenohr aufgemalt. Den Bärenhals von hinten am Pullover fixieren. Am Pullover wird von vorne der Ärmel samt Tatze angeklebt. Von hinten einen zweiten Ärmel sowie die Hose mit den Schuhen ankleben. Als nächstes eine brennende Kerze an der Bärentatze befestigen. Nun wird der Bär zusammen mit einem Paket von vorne am Tannenbaum fixiert. Den Baum mit zweiteiligen Kerzen und dem Stern schmücken.

# Der Weihnachtsmann kommt

Den Tannenbaum mit Stern und Kerzen schmücken. Die Flammen werden mit Filzstift aufgemalt. Als nächstes den Baum auf der Schneefläche fixieren. Schlitten samt Sack, sowie Baumstumpf anbringen. Der Bärenweihnachtsmann wird zuerst zusammengeklebt und dann erst auf dem Fensterbild fixiert. Am roten Mantel von vorne das Haar-Bartteil (gestrichelte Linie) sowie das Ohr, von hinten den Kopf (punktierte Linie) ankleben. Die Stiefel von hinten, den weißen Saum von vorne am unteren Mantelrand befestigen. Zum Schluß den Ärmel anbringen. Für das kleine blaue Geschenk können Sie die Hälfte des lilafarbenen Pakets benutzen.

Vorlage des Tannenbaums und des Schlittens: Siehe Motiv „Das wird unser Weihnachtsbaum“, Seite 24.

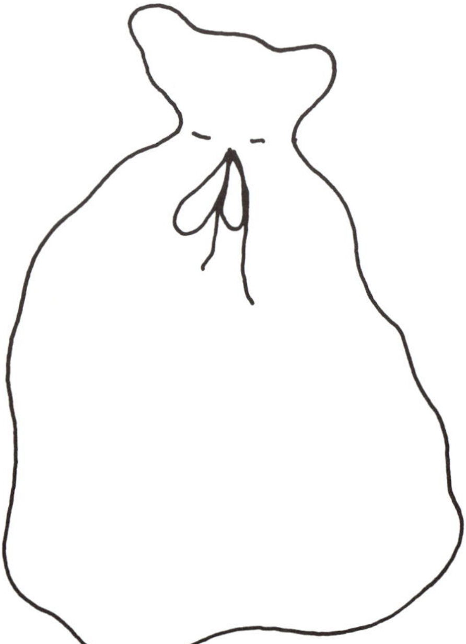

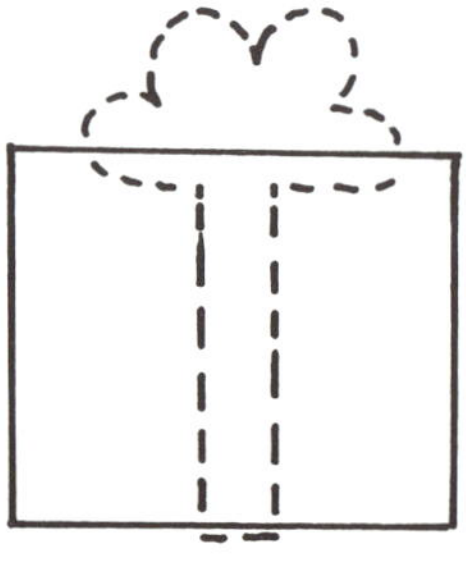

## Ihr sollt auch etwas haben

Am Pullover von hinten Kopf und Hose, von vorne den Ärmel ankleben. Vordertatze und Schuh werden von hinten am Ärmel bzw. an der Hose befestigt. Auf der Schneefläche den Weihnachtsbaum fixieren und mit drei brennenden Kerzen schmücken. Anschließend Bär und Schlitten sowie die Vögel anordnen. Das Bärengesicht, die Flamme und das Vogelfutter werden aufgemalt!

## Fröhliche Weihnachten

Den Pullover ausschneiden, Kopf und Hose dahinterkleben. Am Kopf das runde Schnauzenteil aufkleben und das Bärengesicht aufmalen. Die brennende Kerze (dreiteilig) zusammenkleben. Auf Kerze und Tannenzweig jeweils die entsprechende Bärentatze kleben. Beide Tatzen am Pullover fixieren. Abschließend die Schuhe von vorne an der Hose anbringen.

# Wie wohl der Weihnachtsbaum an den Nordpol kommt?

Auf dem Schneehügel zuerst Tanne und Felsbrocken fixieren.

Nun kann der Eisbär auf den Felsbrokken gesetzt werden. Der Eisbär erhält Vorderbeine und Mütze. Augen, Nase und Maul aufmalen. Zum Schluß den Tannenbaum mit drei zweiteiligen Kerzen verzieren.

# Die Sternsinger sind unterwegs

Am bogenförmigen Rahmen zuerst die Schneefläche ankleben. Als nächstes wird der Sternstab am Torbogen und auf der Schneefläche fixiert. Bei den Bären wird auf den Umhang (gestrichelte Linie bzw. Strich-Punkt-Linie) zuerst der Kopf geklebt.
Von vorne das weiße Schnauzenteil und von hinten die Krone anbringen. Das Fußteil, das von hinten am Umhang fixiert wird, ist bei allen Bären gleich. Bei zwei Bären müssen noch Ärmel (durchgezogene Linien) aufgeklebt werden. Die Gesichter aufmalen.

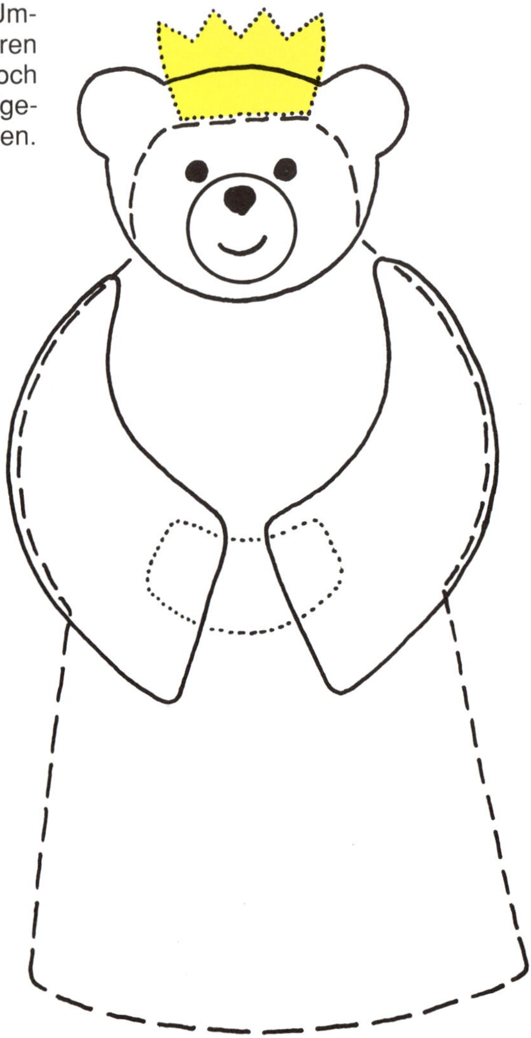

# Advent, Advent, ein Lichtlein brennt

Die beiden gelben Pulloverteile (Strich-Punkt-Linie und gestrichelte Linie) aufeinanderkleben. Unter dem schräg nach unten weisenden Ärmel zuvor noch eine Tatze (punktierte Linie) anbringen. Nun wird am Pullover von vorne der Bärenkopf angeklebt. Die zweite Bärentatze, die den Kopf abstützt, befestigen. Am Kopf noch ein Ohr ergänzen (gestrichelte Linie), auf das mit einem schwarzen Filzstift ein Halbkreis gemalt wird. Von hinten am Pullover die Hose, und daran die Schuhe fixieren. Zuerst den Weihnachtsbaum auf den blauen Rahmen kleben, dann den Bären anbringen.

## Bärenweihnacht

Am Bärenkopf das runde Schnauzenteil aufkleben und anschließend das Gesicht aufmalen. Kopf, Fußsohlen (zweiteilig), Schleife und der linke Arm werden auf den blauen Rumpf geklebt. Anschließend die beiden Tatzen anbringen, wobei der Tannenzweig unter die linke Bärentatze gehört. Nun an den Paketen die Bänder fixieren. Den Bären auf das größte Paket setzen und davor die kleineren Pakete anordnen. Das Ganze am Tannenbaum befestigen. Bei der brennenden Kerze werden Flamme und Docht aufgemalt. Die Kerze auf der Bärentatze fixieren. Abschließend den Baum mit Sternen bekleben.

## Not macht erfinderisch

Den behelfsmäßigen „Weihnachtsbaum“ zusammenkleben. Mit einem schwarzen Filzstift werden Nägel und Schnüre aufgemalt, die das Holzgestell zusammenhalten sollen. Als nächstes werden die Kerzen samt Kerzenschein aufgeklebt. Die Flammen müssen aufgemalt werden. Der „Weihnachtsbaum“

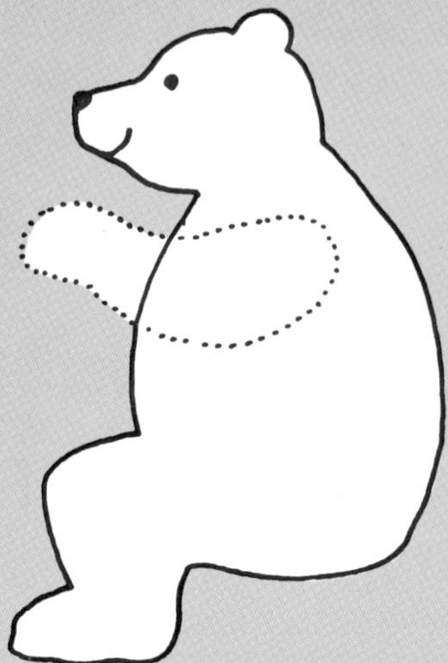

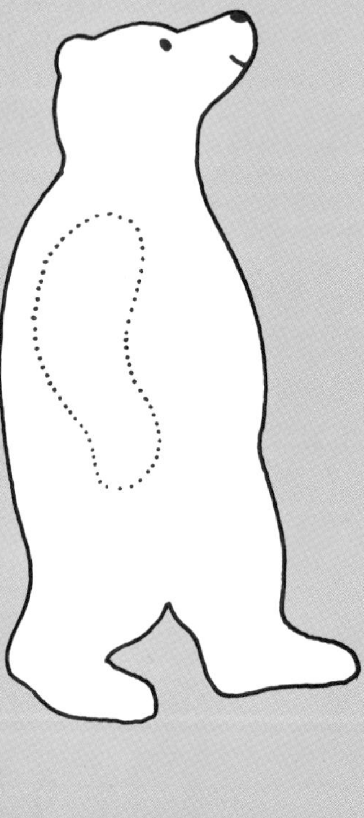

sollte etwa in der Mitte der Schneefläche fixiert sein. Nun können Felsblock, Wasserloch und der restliche Balken angeordnet und aufgeklebt werden. Anschließend die beiden Bären fixieren. Aus Stabilitätsgründen ist es wichtig, daß der aufgerichtete Bär mit seiner Tatze den Weihnachtsbaum berührt. Die Fische mit Filzstift direkt auf die Schneefläche malen (eventuell vorher leicht mit Bleistift vorzeichnen).

# Bist Du aber groß geworden!

**Kind:** Am Kleid von hinten Kopf und Beine fixieren. Vor vorne zuerst den Ärmel und dann den Kragen ankleben. Am Ärmel werden von hinten die Pfote und der Tannenzweig befestigt.

**Weihnachtsmann:** Von hinten am Mantel den Kopf und die Stiefel fixieren. Der Arm und die weißen Mantelsäume werden von vorne angebracht. Anschließend noch die Vordertatze von hinten und das Ohr vorn ankleben. Das Kleid des Kindes am Ärmel und an der Vordertatze des Bären-Weihnachtsmannes befestigen, und den Geschenkesack nicht vergessen.
Die Lokomotive wird unter den Taschensaum geklebt und beides am Mantel fixiert.
Die Gesichter, die Schnur am Sack und die Lokomotivteile mit einem schwarzen Stift aufzeichnen.

# Darf ich bitten

**Bärenmädchen:** Auf den Bärenkörper von vorne Kleid, Kragen, rechtes Vorderbein und die Schlittschuhe kleben.

**Bärenjunge:** Am blauen Eislaufanzug von hinten den Kopf, das rechte Vorderbein sowie die beiden Schlittschuhe anbringen. Das linke Vorderbein vorne aufkleben. Beide Bären auf der Eisfläche fixieren. Mit einem Klebepunkt die Tatzen der beiden Bären verbinden, die Gesichter und auch die Spuren auf dem Eis werden aufgemalt.

## Jetzt aber schnell nach Hause!

**Vater:** Am Mantel von hinten Kopf und Hinterbeide fixieren. Vorne den Ärmel anbringen, jedoch nur an der Schulter ankleben. Die Tatze wird von hinten am Ärmel befestigt. Anschließend den Hut fixieren. Mit einem feinen, schwarzen Filzstift Bärengesicht, Saum, Knöpfe und Manteltasche aufmalen.

**Kind:** Kopf und Hose werden von hinten am Anorak angeklebt. Dann von vorne den Ärmel anbringen. Stiefel und Vordertatze von hinten befestigen.
Auf dem Schlitten den Tannenbaum ankleben und das Bärenkind darauf fixieren. Am Schlitten wird von hinten eine rote Schlittenschnur (roter Zwirn) angeklebt. Bärenvater und Schlitten auf der Schneefläche anordnen.

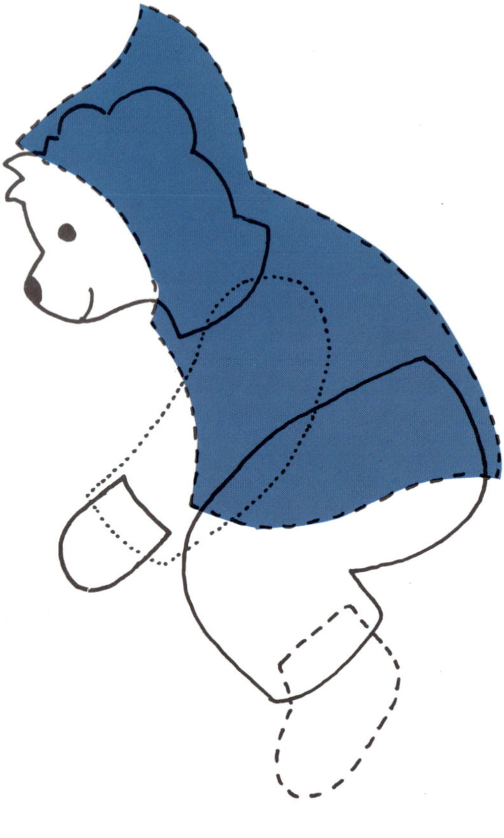

# Das wird unser Weihnachtsbaum

Auf der Schneefläche zuerst Baum und Schlitten mit den Eichhörnchen ankleben. Die Bären werden vor dem Fixieren auf dem Schnee zusammengeklebt. Am Pullover bzw. an der Jacke von hinten Kopf, Hose und Füße ankleben. Von vorne wird der Ärmel samt Vordertatze befestigt. Am Bärenkopf von vorne ein Ohr bzw. eine Mütze mit dem aufgeklebten Ohr anbringen.

## Stille Nacht, Heilige Nacht

Am grünen Tor (durchgezogene Linie) die Schneeflächen (gestrichelte Linien) und darauf die beiden Eichhörnchen befestigen. Bei den Bären werden am Pullover bzw. am Anorak von hinten Kopf und Hose angeklebt. Von vorne Ärmel, Stirnband, Schal und Rollkragen anbringen. An den Ärmeln werden von hinten die Vordertatzen mit den brennenden Kerzen befestigt. Die Stiefel beim Bärenkind mit Anorak von vorne, bei den anderen Bären die Schuhe von hinten an der Hose fixieren.

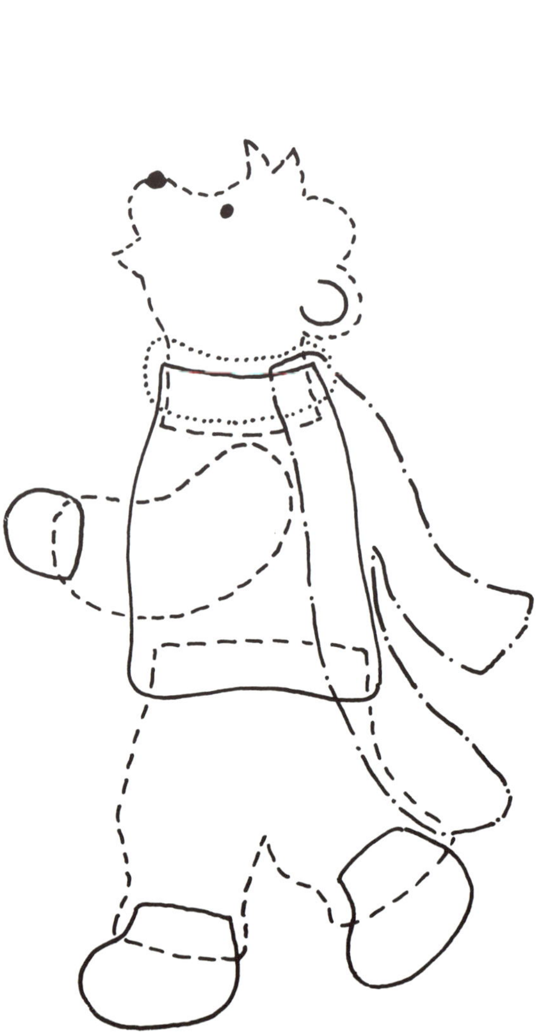

## Ja, wer ist denn da?

Am Bärenrumpf das Vorderbein ankleben. Anschließend wird der Bär von hinten am Sack fixiert. Beim Weihnachtsmann das Gesichtsteil (punktierte Linie) in die Aussparung des roten Mantels legen und das weiße Haar-Bart-Teil (gestrichelte Linie) aufkleben. Als nächstes wird der Ärmel mit dem weißen Saum und die Tasche angebracht. Die Stiefel von hinten am Mantel fixieren.
Weihnachtsmann und Sack vor dem Tannenbaum anordnen. Nun kann der Baum mit brennenden Kerzen geschmückt werden.

# Die gehören alle mir

Die beiden kleinen Pakete (gestrichelte bzw. punktierte Linie) auf das große Paket (durchgezogene Linie) kleben. Am Bärenrumpf werden Vorder- und Hinterbeine befestigt; die Beine dabei in Laufhaltung fixieren. Hinter das Vorderbein werden die Pakete geklebt. Schal und Mütze paßgenau am Kopf bzw. am Hals anbringen und das Ohr ankleben. Zum Schluß kann der laufende Bär noch auf einer Schneefläche fixiert werden.

# Und los geht's!

**Vater:** Am Pullover von hinten Kopf und Hose befestigen. Von hinten an der Hose noch den Bärenfuß fixieren. Anschließend wird der Bär auf den Schlitten geklebt. Dann kann auch der Pulloverärmel samt Tatze angebracht werden.

**Kind:** Auf den Bärenrumpf Mantel, Schal und Ärmel kleben. Am Kopf die Schleife und am Ärmel die kleine Bärentatze hinzufügen.
Das Kind auf dem Rücken des Bärenvaters fixieren. Aus Stabilitätsgründen werden sowohl der Schlitten als auch der Kopf des Bärenkindes am weißen Rahmen angeklebt.

Im Frech-Verlag sind zahlreiche andere Titel des bekannten Autors Armin Täubner zum Thema

# Basteln in der Weihnachtszeit

erschienen:

Armin Täubner
**Schneefreuden Weihnachtliche Fensterbilder kinderleicht**
Es wird Weihnachten – höchste Zeit für ein neues phantasievolles Fensterbild im Kinderzimmer. Wieder einmal hat Armin Täubner hierfür tolle Vorschläge. Wo sonst noch laufen Elefanten und Eichhörnchen Ski?
48 S., Farbf., Vorlagen
**Best.-Nr. 1470** ISBN 3-7724-1470-2

Armin Täubner
**Waldweihnacht der Tiere**
Auf den idyllischen Tonkartonszenen feiern auch Tiere Weihnachten. Hase und Reh treffen sich unterm Weihnachtsbaum, und das Eichhörnchen bringt die Geschenke. Die einzelnen Teile können vielfältig zu neuen Motiven kombiniert werden.
Mappe A5, Vorlagenbogen
**Best.-Nr. 1574** ISBN 3-7724-1574-1
(EAN-15746, Preisgr. J, Sachgr. 15)

Armin Täubner
**Ganz in Weiß. Weihnachtliche Fensterbilder**
Alle Modelle sind in Weiß gearbeitet, und die Arbeiten beweisen: Fensterbilder müssen nicht immer bunt sein. Sei es der Stall von Bethlehem oder ein verspieltes Gänsepaar – weißer Tonkarton verleiht allem eine festliche Ausstrahlung.
32 S., Farbf., Vorlagenbg.
**Best.-Nr. 1589** ISBN 3-7724-1589-X
(EAN-15890, Preisgr. 02, Sachgr. 15)

Stand 1992